PERSÉE,

TRAGÉDIE-LYRIQUE

REMISE EN TROIS ACTES,

REPRÉSENTÉE

POUR LA PREMIERE FOIS,

PAR L'ACADÉMIE-ROYALE DE MUSIQUE,

Le Mardi 24 Octobre 1780.

PRIX XXX SOLS.

BIBLIOTHEQUE ROYALE

AUX DÉPENS DE L'ACADEMIE.

De l'Imprimerie de P. DE LORMEL, Imprimeur de ladite Académie, rue du Foin Saint-Jacques, à l'Image Sainte Genevieve.

On trouvera des Exemplaires du Poëme à la Salle de l'Opéra.

M. DCC. LXXX.

AVEC APPROBATION ET PRIVILEGE DU ROI.

6.

Les Paroles de QUINAULT.

La Mufique de M. PHILIDOR.

ACTEURS ET ACTRICES
CHANTANTS DANS LES CHŒURS.

CôTÉ DU ROI.		CôTÉ DE LA REINE.	
Messieurs.	Mesdemoiselles.	Messieurs.	Mesdemoiselles.
Péré..	Dubuisson.	Candeille.	d'Agée.
Héri.	d'Hautrive.	Larlat.	des Rosières.
Poussez.	Veron.	Capoi.	Chenais.
Martin.	Garrus.	Hilden.	Thaunat.
Lagier.		Méon.	Paris.
Rey.	Rouxelin.		
Legrand.	Sanctus.	Cleret.	Gavaudan, c.
Cavaillier.	Prieur.	Baillon.	Isidore.
Moulin.	Dumoutier.	Fagnan.	Eugénie.
Huet.	Charmois.	Tacusset.	Joséphine.
Itasse.	Leclerc.	De Lori.	Armand.
Jouve.	Deslions.	Joinville.	Le Bœuf.
Bouvard.	Chaumont.		Fel.
Jalaguier.	Lorpin.		
	La Maniere.		

A ij

ACTEURS.

CÉPHÉE, *Roi d'Ethiopie*, M. Moreau.

CASSIOPE, *Epouse de* CÉPHÉE, M.ⁱˡᵉ. Duplant.

ANDROMEDE, *Fille de*
   CÉPHÉE & de CASSIOPE.   M.ⁱˡᵉ. Le Vaſſeur.

PERSÉE, *Fils de Jupiter*, M. Le Gros.

PHINÉE, *Prince d'Ethiopie*, M. l'Arrivée.

MERCURE,   M. L'aîné.

MÉDUSE,   M.ⁱˡᵉ. Duranci.

EURYALE,
STENONE,   *Gorgones*,   M.ʳˢ. Rouſſeau.
Perré.

ORCAS, *Ethiopien*,   M. Chéron.

PROTÉNOR, *idem.*   M. Laïs.

UN CYCLOPE,   M. Durand.

UN TRITON,   M. Perré.

VÉNUS,   M.ⁱˡᵉ. Châteauvieux.

UNE NYMPHE *guerriere*,   M.ⁱˡᵉ. Joinville.

La Scêne eſt en Ethiopie.

PERSONNAGES DANSANTS.

ACTE PREMIER.
PEUPLES.
M. V E S T R I S, f.
Mlle THÉODORE.

NYMPHE GUERRIERE.
Mlle DORLAY.

PEUPLES.
M.^{les} GERVAIS, CREPEAU, CARRÉ, COULON.

CYCLOPES.
M.^{rs}. Cafter, Clerget, Delahaye, Guillet, j.;
Largilliere, Duffet, la Rue, le Roi, 2.

NYMPHES GUERRIERES.
Mlles. Jenny, Puifieux, Martin, Rozette, la Croix,
Camille, Vilette, Darcy.

ACTE SECOND.
PEUPLES D'ÉTHIOPIE.
Mlles. ALLARD, PESLIN.
M. NIVELON.   Mlle. DORIVAL.
Mlle. ZANNOUZZI.
M.^{rs}. Le Breton, Abraham.
Mlles. Augufte, Saulnier.
M.^{rs}. Simonet, le Bel, Hennequin, 1., Guillet, 1.;
Duchaîne, Dangui, Desbordes, Coindé.

6

Mlles. Jenny, Puifieux, Jouveau, le Houx, Camille, Thifte, la Croix, Neuville.

***

ACTE TROISIEME.
SUITE DE VÉNUS.
PLAISIRS ET JEUX.
M. VESTRIS, p.
HÉBÉ. Mlle. HEYNEL.

NYMPHE COMPAGNE DE VÉNUS.
Mlle. GUIMARD.
PLAISIR. M. GARDEL, 1.
GRACES.

Mlles. GERVAIS, CREPEAUX, GRENIER.
M^{rs} LE DOUX, OLIVIER.

M^{rs}. Cafter, Clerget, Guillet, j., Delahaye, Duffel, Largilliere, le Roi, 2., Pladix.

Mlles. Henriette, Carré, Bernard, la Croix, Camille, Vilette, Gibaffier, Darcy.

SIX AMOURS.

Mrs Cantagrelle, Bogat, Doué, Defchamps, Augufte, Lafitte.

SIX PETITES NYMPHES, Suivantes d'HÉBÉ.

Mlles Efther, Bourgeois, c. Delille, St Julien, Prud'homme, Defpereffe.

PERSÉE,

TRAGÉDIE - LYRIQUE.

ACTE PREMIER.

Le Théâtre représente le Vestibule du Temple de
JUNON.

SCÊNE PREMIERE.

CASSIOPE, CEPHÉE, PERSÉE, PHINÉE,
LE PEUPLE.

LE CHŒUR.

Dieux, redoutables ennemis !
Pardonnez à des cœurs soumis.

PERSÉE,

Écartez ce fléau terrible,
Sauvez-nous de ce monſtre horrible.

Dieux, &c.

CASSIOPE.

Peuple, devant vous je m'accuſe.
Mon orgueil attire ſur vous
L'horrible fureur de Méduſe :
De l'auguſte Junon elle ſert le courroux.
Heureuſe épouſe, heureuſe mere,
Trop vaine d'un ſort glorieux,
J'ai ſeule excité la colere
De la Souveraine des cieux.
J'ai comparé ma gloire à ſa gloire immortelle ;
La Déeſſe punit ma fierté criminelle.
Uniſſez-vous à moi, dans la ſolemnité
Des jeux que pour elle on prépare.
Il faut que mon reſpect répare
Le crime de ma vanité.

LE CHŒUR.

Hâtez-vous de fléchir ſa haine,
Hâtez-vous de nous ſecourir.
Trop malheureuſe Reine,
Nous allons tous périr.

CEPHÉE.

CEPHÉE.

Et nous, Persée, allons implorer l'assistance
Du Dieu qui vous donna le jour.

PERSÉE.

Ah ! qu'il fasse pour vous éclater sa puissance :
C'est le gage qu'un fils attend de son amour.

(CEPHÉE & PERSÉE *se retirent. Le Peuple les suit.*)

SCÈNE II.

CASSIOPE, PHINÉE.

CASSIOPE.

HÉlas, Prince ! au lieu de ces fêtes,
Qui devoient, par des nœuds si doux,
Unir Andromede avec vous ;
Quel deuil affreux ! le Ciel menaçant sur nos têtes,
L'abîme sous nos pas, & la mort devant nous !

(*Elle entre dans le Temple.*)

B

SCENE III.

PHINÉE, *seul.*

LEurs malheurs finiront ; le mien eft fans remede.
O ciel ! à mes tourmens quel fupplice eft égal !
　　Perfée eft aimé d'Andromede !
　　Fier dépit, venez à mon aide,
　　Rompez un lien trop fatal.
　　Dans la fureur qui me poffede,
Que ne puis-je à Médufe expofer mon rival !

SCENE IV.

PHINÉE, ANDROMEDE.

PHINÉE.

QUoi ! vous m'évitez, inhumaine !

ANDROMEDE.

Je viens mêler mes pleurs aux larmes de la Reine.

PHINÉE.

Non, vous avez beau feindre, & je lis dans vos yeux.
Mon rival eft aimé, je vous fuis odieux.

ANDROMEDE.

Par le chagrin qui vous dévore,
Venez-vous redoubler encore
Des maux déja ſi rigoureux ?
Qui jamais fut jaloux d'un rival malheureux ?

PHINÉE.

Non, je ne puis ſouffrir qu'il partage une chaîne
Dont le poids me paroît charmant.
Quand vous l'accableriez du plus cruel tourment,
Je ſerois jaloux de ſa peine.
Mais tout me dit qu'il eſt content
Des préférences qu'on lui donne ;
Oui, tout me dit qu'il eſt content.
L'Amour que l'eſpoir abandonne,
Eſt moins tranquile & moins conſtant.

ANDROMEDE.

Quel plaiſir prenez-vous à vous troubler vous-même?
Que voyez-vous en moi qui vous doive alarmer ?
Je fuis votre rival.

PHINÉE.

On fuit ce que l'on aime,
Quand on craint de le trop aimer.

B ij

Duo.

Laissez une inutile feinte.
L'Amour a trompé mon espoir.

ANDROMEDE.

Cessez une inutile plainte.
Mon pere a dicté mon devoir.

PHINÉE.

Vous ne cédez que par contrainte.

ANDROMEDE.

Mon pere a dicté mon devoir.

ANDR. { Cessez , &c.
PHIN. { Laissez , &c.

PHINÉE.

Mon malheur est extrême ;
Je ne puis m'abuser.

ANDROMEDE.

Est-ce ainsi que l'on aime ?
Quoi ! toujours m'accuser !

PHINÉE.

L'Amour sert d'excuse lui-même
Aux soupçons qu'il a pu causer.

ANDROMEDE.

L'Amour eft puni par lui-même
Des foupçons qu'il a pu caufer.

PHINÉE.

Laiffez une inutile feinte ; &c.

ANDROMEDE.

Ceffez une inutile plainte, &c.

SCENE V.

(*Le Temple s'ouvre.*)

LES ACTEURS PRÉCÉDENTS, CASSIOPE,
LES PRÊTRES, LE PEUPLE.

CASSIOPE fortant du Temple.

O Junon, puiffante Déeffe,
Qu'on ne peut affez révérer !
J'affemble en votre nom cette aimable jeuneffe,
Que le flambeau d'Himen doit bientôt éclairer.

LE *CHŒUR* avec *CASSIOPE.*

Laiffez calmer votre colere,
Et faites ceffer nos malheurs.

B iij

Celui d'avoir pu vous déplaire,
A déja coûté tant de pleurs !

SCÈNE VI,

LES ACTEURS PRÉCÉDENTS, ORCAS.

ORCAS.

Fuyons ; nos vœux font vains, & Junon les refufe.
De nouveaux malheureux en rochers convertis,
Ne nous ont que trop avertis
Qu'on a vû paroître Médufe.

Une partie du CHŒUR.

Médufe revient dans ces lieux !

Une autre Partie.

Gardons-nous de la voir : la mo   ft dans fes yeux.

GRAND CHŒUR.

Fuyons ce monftre terrib .
Sauvons-nous, s'il eft poffible.
Elle arrive fur nos pas.
Fuyons un affreux trépas.

SCENE VII.

CASSIOPE, ANDROMEDE, PHINÉE, PROTENOR.

PHINÉE, à CASSIOPE.

DAns ce Temple, avec vous, emmenez la Princesse.

CASSIOPE.

Dieux ! ne puis-je efpérer de vous fléchir jamais ?

ANDROMEDE effrayée.

Et mon pere ! & Perfée !

PROTENOR en arrivant.

Ils font dans le Palais :
Raffurez-vous ; le danger ceffe ;
Médufe fe retire, elle nous laiffe en paix.

CASSIOPE.

Elle peut revenir, elle peut nous furprendre.
Junon s'obftine à fe venger.
Allez, ma fille, allez ; c'eft à vous d'engager
Le fils de Jupiter, Perfée à nous défendre,
Et fon pere à nous protéger.
(ANDROMEDE fort.)

SCENE VIII.

PHINÉE, CASSIOPE.

PHINÉE.

QU'entends-je ? en sa faveur , Reine, allez-vous
changer ?

CASSIOPE.

Le Ciel punit mon crime ; il est inexorable :
J'ai besoin de fléchir la rigueur de sa loi.

PHINÉE.

Ah si le Ciel est équitable ,
Vous trouveroit-il moins coupable
Quand vous m'auriez manqué de foi ?
Et que peut-il, plus que moi,
Ce mortel qu'on me préfere ?
O toi, Jupiter, ô toi,
Qu'il ose appeller son pere,
Dût m'écraser ta colere,
L'Amour au désespoir ne connoît point l'effroi.

SCÊNE

SCENE IX.

PHINÉE, CASSIOPE, CÉPHÉE, PROTENOR,
LE PEUPLE.

PHINÉE, à CÉPHÉE.

VOus m'avez promis Andromede.
A l'amour de Perfée on veut que je la céde ;
M'ôterez-vous un bien que vous m'avez donné ?
Au fils de Danaé fera-t-il deftiné ?

CÉPHÉE.

Au fils de Jupiter on peut céder fans honte.

PHINÉE.

Et croyez-vous auffi la fable qu'il raconte ?
Croyez-vous qu'un Dieu fouverain,
Qui fur tout l'univers préfide,
Se laiffa, par l'Amour, changer en or liquide,
Pour entrer, en fecret, dans une tour d'airain ?

CÉPHÉE.

Votre incrédulité n'aura donc plus d'excufe.
Reconnoiffez le fang du plus puiffant des Dieux.
Il ofe combattre Médufe.

C

PERSÉE,

CASSIOPE, PHINÉE, PROTENOR,
LE *CHŒUR.*

Lui! combattre Méduſe! ô Cieux!

CEPHÉE.

Ma fille eſt le prix qu'il demande.

CASSIOPE , vivement.

Elle eſt à lui ; qu'il la défende.
Quel prix peut trop payer cet effort glorieux ?
Ah ! je ſens dans mon cœur l'eſpérance renaître.

CASSIOPE & LE *CHŒUR.*

Dieux irrités , appaiſez-vous.
Le fils de Jupiter veut combattre pour nous :
O Ciel ! favoriſez le fils de votre maître.

(*Le Théâtre change , & repréſente les Jardins
du Palais de* CEPHÉE.)

SCENE X,

ANDROMEDE, *seule.*

INfortunés, qu'un monftre affreux
A changés en rochers par ſes regards terribles,
Vous ne reſſentez plus vos deſtins rigoureux,
Et vos cœurs endurcis ſont pour jamais paiſibles;
    Il en eſt de plus malheureux.

    Il veut périr; j'en ſuis la cauſe:
Peut-être, il vient me dire un éternel adieu.
Pour le déſeſpérer je l'attends dans ce lieu.
Je veux le dégager du péril où l'expoſe
    L'eſpoir qui l'anime en ce jour:
    Je veux que le dépit s'oppoſe
    A l'imprudence de l'Amour.

SCENE XI.

PERSÉE, ANDROMEDE.
PERSÉE.

BElle Princeſſe, enfin vous ſouffrez ma préſence.
ANDROMEDE.
Seigneur, on me l'ordonne, & je ſuis mon devoir.

PERSÉE.

J'aurois voulu ne pas savoir
Que je ne dois ce bien qu'à votre obéissance.
N'importe ; rien ne peut ébranler ma constance.
J'ai sçu jusqu'à ce jour vous aimer sans espoir.
Je vais avec ardeur prendre votre défense,
  Quand je n'aurois pour récompense
Que la seule douceur que je sens à vous voir.

ANDROMÈDE.

Non, ne vous flattez pas. Je ne veux vous rien taire.
Vous m'aimez vainement ; Phinée a su me plaire ;
Nos deux cœurs sont unis. Quel prix espérez-vous
  D'une entreprise d'angereuse ?
Quand vous seriez vainqueur, votre ame est géné-
  reuse,
Et vous ne voulez pas rompre des nœuds si doux.

PERSÉE.

Je serai malheureux, désespéré, jaloux ;
Mais je mourrai content, si vous vivez heureuse,
  Même au pouvoir d'un autre époux.
   Quand tout un peuple m'implore,
   Quand la beauté que j'adore
   Est exposée au trépas ;
   Quel prix me faut-il encore

Pour encourager mon bras ?
La beauté que j'aurai fervie,
De fon devoir fuivra la loi ;
Un rival trop digne d'envie
Obtiendra fon cœur & fa foi ;
Mais elle me devra la vie,
Et c'eft encore affez pour moi.

ANDROMEDÉ à part.

Hélas ! que devient mon courage ?

PERSÉE.

De mes derniers regards vos beaux yeux font bleffés;
Vous fouffrez à me voir, mon amour vous outrage ;
Je vais chercher Médufe, & je vous aime affez
Pour ne pas vous contraindre à fouffrir d'avantage.

ANDROMEDE.

Quoi ! pour jamais vous me quittez !
Perfée ! arrêtez ! arrêtez !

PERSÉE.

Qu'entends-je ? o Dieux ! belle Princeffe !
Que vois-je ? vous verfez des pleurs !

ANDROMEDE.

Ah ! par l'excès de mes douleurs,
Connoiffez, s'il fe peut, l'excès de ma tendreffe.
Voyez à quoi j'avois recours,
Pour éteindre l'ardeur qui vous fait entreprendre
Un combat funefte à vos jours.
Hélas ! que n'ai-je pû me rendre
Indigne de votre fecours !
Que n'êtes vous moins magnanime !
Médufe, d'un regard, porte un trépas certain.

PERSÉE, vivement.

Et ne peut-elle pas vous prendre pour victime ?

ANDROMEDE.

Tout l'effort des mortels contre elle feroit vain.

PERSÉE.

Le fils de Jupiter, lorfque l'amour l'anime,
Doit aller au-delà de tout l'effort humain.

ANDROMEDE.

Par les frayeurs de l'amour le plus tendre
Ne ferez vous point défarmé ?

PERSÉE.

J'ignorois votre amour, & j'allois vous défendre ;

Puis-je à vous fecourir être moins animé,
Quand je fais que je fuis aimé?

ANDROMÈDE.
DUO.

Soyez fenfible à mes alarmes.

PERSÉE.

Je ne fens que trop vos douleurs.

ANDROMÈDE.

Partirez-vous malgré mes pleurs?

PERSÉE.

Je veux aller tarir vos larmes.

ANDROMÈDE.

Eh quoi! mes cris font fuperflus!
Hélas! je ne vous verrai plus.

PERSÉE.

Non, non, ne me retardez plus.

ANDROMÈDE.

Vivez pour moi.

PERSÉE.

Je veux pourfuivre
Le beau deffein que j'ai formé.

ANDROMÈDE.

Vous vous perdez.

PERSÉE.

Je veux pourſuivre.

ANDROMEDE.

Hélas ! il eſt ſi doux de vivre,
Lorſqu'on aime & qu'on eſt aimé.
Au nom de ma tendreſſe.

PERSÉE.

Laiſſez-moi. Le tems preſſe.

ENSEMBLE.

Non, non, je vois trop bien
Votre péril extrême,
Pour m'occuper du mien.
Conſervez ce que j'aime,
Grands Dieux, & pour moi-même
Je ne demande rien.

SCENE XII.

MERCURE, PERSÉE.

MERCURE.

PErſée, où courez-vous, qu'allez-vous entreprendre ?

PERSÉE.

PERSÉE.

Un peuple infortuné m'engage à le défendre.
C'eſt à la gloire que je cours.
Si je meurs, mon trépas fera digne d'envie.
Je laiſſe le ſoin de mes jours
Au Dieu qui me donna la vie.

MERCURE.

On reconnoît ſon ſang au ſecours généreux
Que vous donnez aux malheureux.

SCENE XIII.

Entrée de CYCLOPES *& de* NYMPHES
*qui viennent préſenter des aîles & des armes
à* PERSÉE.

ᴜɴ *CYCLOPE.*

C'Eſt pour vous que Vulcain, de ſes mains im-
mortelles,
A forgé cette épée, & préparé ces aîles.
Hâtez-vous de vous ſignaler
Par une célébre victoire.
Chacun doit aller à la gloire,
Mais un Héros doit y voler.

(*On danſe.*)
D

UNE NYMPHE guerriere.

Le plus vaillant guerrier s'abufe,
D'ofer tout efpérer de l'effort de fon bras.
Si vous voulez vaincre Médufe,
Prenez le bouclier de la fage Pallas.

                                      (*On danfe.*)

LE CHŒUR.

Que tout l'Univers favorife
Votre généreufe entreprife.
Que l'enfer, la terre & les cieux,
Que tout l'Univers favorife
Le fils du plus puiffant des Dieux.

MERCURE.

La gloire qui vous eft promife,
Ne peut plus fouffrir de remife ;
Suivez-moi, partons de ces lieux.

LE CHŒUR.

Que l'enfer, *&c.*

FIN DU PREMIER ACTE.

ACTE SECOND.

*Le Théâtre repréfente un Défert affreux, & dans
l'enfoncement l'Antre des Gorgones.*

SCENE PREMIERE.

MÉDUSE, EURYALE, STÉNONE.

LES TROIS *ENSEMBLE.*

O Le doux emploi pour la rage,
De caufer un affreux ravage !
Heureufe cent fois la fureur
Dont la terreur & la mort font l'ouvrage !
Heureufe cent fois la fureur
Qui remplit l'univers d'horreur !

MÉDUSE.

J'ai perdu la beauté qui me rendoit fi vaine.
Je n'ai plus ces cheveux fi beaux,

D ij

Dont autrefois le Dieu des Eaux
Sentît lier son cœur d'une si douce chaîne.
Pallas, la barbare Pallas
Fût jalouse de mes appas,
Et me rendît affreuse autant que j'étois belle ;
Mais l'excès étonnant de la difformité
Dont me punit sa cruauté,
Fera connoître, en dépit d'elle,
Quel fût l'excès de ma beauté.
Je ne puis trop montrer sa vengeance cruelle.
Ma tête est fiere encor d'avoir pour ornement
Des serpens, dont le sifflement
Excite une frayeur mortelle.
Je porte l'épouvante & la mort en tous lieux ;
Tout se change en rocher à mon aspect horrible ;
Les traits que Jupiter lance du haut des cieux,
N'ont rien de si terrible
Qu'un regard de mes yeux.
Les plus grands Dieux du ciel, de la terre & de l'onde,
Du soin de se venger se reposent sur moi.
Si je perds la douceur d'être l'amour du monde,
J'ai le plaisir nouveau d'en devenir l'effroi.

ENSEMBLE.

O le doux emploi , &c.

(Un bruit harmonieux se fait entendre)

EURYALE.

Dans ce trifte féjour qui peut nous faire entendre
Le doux bruit qui vient nous furprendre ?

STÉNONE.

Quels concerts ! quelle nouveauté !

MÉDUSE.

C'eft Mercure qui vient vers cet antre écarté.

SCÊNE II.

MERCURE, LES GORGONES.

MÉDUSE.

MOn terrible fecours vous eft-il néceffaire ?
De fuperbes mortels ofent-ils vous déplaire ?
Faut-il vous en venger ? faut-il armer contre eux
Le funefte courroux de mes ferpents affreux ?
Où faut-il que ma fureur vole ?
Vous n'avez qu'à nommer l'empire malheureux
Que vous voulez que je défole.

MERCURE.

C'eft toujours mon plus cher defir,
De voir tout l'univers dans une paix profonde.

Ne vous laſſez-vous point du barbare plaiſir
  De troubler le repos du monde?

MÉDUSE.

Puis-je cauſer jamais des malheurs aſſez grands,
Au gré de la fureur qui de mon cœur s'empare?
  C'eſt des Dieux cruels que j'apprends
  A devenir barbare.

MERCURE.

Il eſt vrai qu'un fatal courroux
A trop éclaté contre vous.
Vous n'avez eu que trop de charmes.
Sans Pallas, ſans ſes rigueurs,
Vous n'auriez troublé les cœurs
Que par de douces alarmes.
En perdant vos attraits vainqueurs,
L'amour vouloit briſer ſes armes;
Il les arroſoit de ſes larmes,
Et les plaiſirs verſoient des pleurs.

MÉDUSE.

Et que ſert de m'entretenir
D'un bien qui ne peut revenir?
Je n'en reſſens que trop la perte irréparable.
  Ah! quand on ſe trouve effroyable;
  Que c'eſt un cruel ſouvenir

De songer que l'on fut aimable!

MERCURE.

Je ne puis, dans votre malheur,
Vous offrir qu'un sommeil paisible.

MEDUSE.

Avec une vive douleur
Le repos est incompatible.

MERCURE, *touchant la lyre.*

O tranquille sommeil, que vous êtes charmant !
Que vous faites sentir un doux enchantement !
Dans la plus triste solitude,
Votre divin pouvoir calme l'inquiétude ;
Vous savez adoucir le plus cruel tourment.
O tranquille sommeil, que vous êtes charmant !
Jouissez du repos dans ce lieu solitaire.

LES GORGONES.

Non, ce n'est que pour la colere
Que nos cœurs malheureux font faits.

MERCURE.

O sommeil, viens leur rendre & le calme & la paix.

LES GORGONES.

Non, le repos ne peut nous plaire ;
Nous y renonçons pour jamais.

MERCURE.

Il faut céder, il faut vous rendre
Au charme qui vient vous surprendre.

LES GORGONES.

Il faut nous rendre, malgré nous,
Au charme d'un sommeil si doux.

SCENE III.

MERCURE, PERSÉE.

MERCURE, montrant à PERSÉE l'Antre où MÉDUSE s'est retirée.

C'Est là que vous attend le monstre épouvantable.
Je ne puis plus rien pour vos jours.

SCENE IV.

PERSÉE, *seul.*

OU vais-je? ah! j'en frémis! ô moment redoutable!
Cherchons notre dernier secours
Dans un courage inébranlable.
Je vais combattre, & c'est pour toi;
Dieu de mon cœur! viens à mon aide.

La

La mort qui menace Andromede,
Est le seul danger que je voi.
Dieu de mon cœur! viens à mon aide.
Je vais combattre, & c'est pour toi.
Ah! je me croyois intrépide,
Quand je ne vivois que pour moi.
Amour, tu m'as rendu timide :
Le tendre intérêt qui me guide,
Est mêlé de trouble & d'effroi.

Je vais combattre, &c.

(Sur quelques mesures de symphonie, qui expriment la résolution courageuse de PERSÉE, *il pénetre dans l'Antre, l'épée à la main, & il en sort l'instant d'après, portant la tête de* MÉDUSE.)

SCENE V.
PERSÉE, EURYALE, STÉNONE.
PERSÉE.

LE monde est délivré d'un fléau si terrible.
Il a péri, ce monstre horrible;
Le ciel s'est servi de mon bras.

LES DEUX GORGONES.

Tu fais périr Méduse! ah! traître, tu mourras.

(Une noire vapeur s'exhale de l'Antre, & forme dans l'air un nuage chargé de serpens ailés.)

E

PERSÉE,

LES DEUX GORGONES.

Monſtres, cherchez votre victime ;
Vengez le ſang qui vous anime.
Servez nos fureurs, armez - vous ;
Vengeons Méduſe, vengeons-nous.

SCENE VI.

MERCURE, PERSÉE, EURYALE, STÉNONE.

MERCURE.

PErſée, allez, volez où l'amour vous appelle.

(*Vol de* PERSÉE *ſur un nuage brillant & léger.*)

Gorgones, déſormais vous ſerez ſans pouvoir.
Ce lieu n'eſt pas pour vous un ſéjour aſſez noir.
Venez dans la nuit éternelle.

LES DEUX GORGONES.

Quels gouffres profonds ſont ouverts !
Ah ! nous tombons dans les enfers.

(MERCURE *deſcend aux Enfers avec les deux* GORGONES.)

Le Théâtre change, & repréſente le Veſtibule du Palais de CÉPHÉE.

SCENE VII.

ANDROMEDE, *seule*.

QU'ai-je fait ? malheureufe ! ai-je pu confentir
A lui voir affronter ce monftre épouvantable ?
Pour chercher une mort terrible, inévitable,
　　Devois-je le laiffer partir ?
　　Il eft bien tems que je frémiffe !
　　Ah ! s'il vouloit mourir pour moi,
　　Falloit-il que je le permiffe ?
Que lui fert, à préfent, mon trouble & mon effroi ?
　　Perfée ! ô douleur mortelle !
　　Ma voix en vain le rappelle.
　　Mes yeux ont beau le chercher.
　　Médufe ! ô dieux ! devant elle
　　Tout fe transforme en rocher !
　　Perfée ! ô douleur mortelle,
　　Ma voix en vain le rappelle ;
　　Mes yeux ont beau le chercher.
　　Je fuccombe à mes alarmes,
　　Vains regrêts ! tardives larmes !
　　Vains regrêts ! vœux fuperflus !
　　Mon amant ne m'entend plus ;
　　Hélas ! il ne m'entend plus.

　　　　　　　　　　　　E ij

SCENE VIII.

CÉPHÉE, CASSIOPE, ANDROMEDE, PHINÉE, LE PEUPLE *traverfant le Théâtre.*

LE CHŒUR.

LE voilà ! c'eft lui, c'eft lui-même.

CÉPHÉE.

Il vole.

CASSIOPE.

Il fend les airs.

ANDROMEDE.

Il revient triomphant.

LE CHŒUR.

O prodige ! ô bonheur extrême !
Allons tous honorer le bras qui nous défend.

SCENE IX.

PHINÉE, *seul.*

QUe le Ciel pour Perfée eft prodigue en miracles!
Qui n'eut pas dit qu'un monftre furieux
M'auroit débarraffé d'un rival odieux?
Cependant, malgré tant d'obftacles,
Mon rival eft victorieux.
Il s'eft fait des routes nouvelles;
Il a volé pour hâter fon retour;
Et Mercure & l'Amour
Ont pris foin, à l'envi, de lui prêter des aîles.
Le Peuple croit tout lui devoir;
On entend de fon nom retentir le rivage.
Comme un Dieu tutélaire on va le recevoir.
Qu'Andromede a paru contente de le voir!
Quelle gloire pour lui! quel charmant avantage!
Et pour moi quelle rage,
Et quel horrible défefpoir!
Ah! que plutôt l'enfer vomiffe
Tout ce qu'il a de plus affreux.
Autour de moi que tout gémiffe;
Autour de moi que tout frémiffe;

Qu'avec moi tout foit malheureux.
Andromede, à mes vœux ravie,
Suivroit mon rival à l'Autel !
Et moi, dans mon dépit mortel,
Dévoré d'amour & d'envie,
J'irois, dans le fond des Forêts,
Cacher ma honte & mes regrets !
Ah ! que plutôt, &c.

S C E N E X.

ORCAS, PHINÉE.

O R C A S.

O Dieux ! ô nouvelle infortune !

P H I N É E.

Quel eft-il, ce nouveau malheur ?

O R C A S.

Il va changer en deuil l'allégreffe commune.

P H I N É E.

Ah ! tu foulages ma douleur.

O R C A S.

Junon dans fa vengeance intéreffe Neptune.

Un monſtre, enfant des eaux, va venir dévorer
  L'innocente Andromede.
Èt Thétis & ſes ſœurs viennent de déclarer,
  Qu'il n'eſt plus permis d'eſpérer
De voir finir nos maux, ſans cet affreux remede.

P H I N É E.

Je reſpire. Les Dieux ont ſoin de me venger.

O R C A S.

Verrés-vous ſans frémir Andromede en danger ?

P H I N É E.

L'amour meurt dans mon ſein ; la rage lui ſuccede.
  J'aime mieux voir un monſtre affreux
  Dévorer l'ingrate Andromede,
Que la voir dans les bras de mon rival heureux.
                                    (Il ſort.)

SCÈNE XI.

CÉPHÉE, CASSIOPE, ANDROMEDE, PERSÉE, PEUPLE.

LE CHŒUR.

O Gloire ! ô valeur ſans ſeconde !
O le plus hardi des travaux ?

PERSÉE;

Du plus terrible des fléaux
Perſée a délivré le monde.

CÉPHÉE & CASSIOPE.

Qu'on invente pour lui des triomphes nouveaux.
Qu'aux horreurs d'une nuit profonde
Succedent les jours les plus beaux.

(*La Fête eſt le Triomphe de* PERSÉE, *& l'expreſ-
ſion de la reconnoiſſance & de l'allégreſſe publique.*)

TOUS ENSEMBLE.

Quel bruit! quel tremblement! quel orage effroyable!

PROTENOR.

Venez, accourez tous. O prodige incroyable!

CÉPHÉE.

A quel nouveau malheur ſommes-nous expoſés?

LE CHŒUR.

Dieux! n'êtes-vous point appaiſés?

FIN DU SECOND ACTE.

ACTE TROISIEME.

Le Théâtre repréſente le Rivage de la Mer, & un Rocher au milieu des flots, formant une preſqu'Iſle.

SCENE PREMIERE.

CASSIOPE, CÉPHÉE, LE PEUPLE.

LE *CHŒUR.*

O Neptune ! ô Junon ! ô deſtin lamentable !
  Ce monſtre va tout dévorer.
  Méduſe étoit moins redoutable.
  De ce danger inévitable
  Quel Dieu viendra nous délivrer ?

O Neptune, &c.

F

SCENE II.

ANDROMEDE, PERSÉE, CASSIOPE, CÉPHÉE, LE PEUPLE.

ANDROMEDE en accourant.

MOn pere ! au nom des Dieux, que votre amour s'oppofe
A ce nouveau danger qu'il brûle de courir.
Sans nous fauver il va périr :
Ne confentez pas qu'il s'expofe.

CEPHÉE.

Hélas ! c'eft donc aux Dieux que je dois recourir.

PERSÉE, à ANDROMEDE.

AIR.

Non, c'eft pour vous que je refpire ;
C'eft pour vous que je veux mourir.

(*à CÉPHÉE.*)

Un Dieu m'appelle, un Dieu m'infpire.
Rendez le calme à votre empire,
J'efpere encor vous fecourir.

Oui c'eft pour vous, &c.   (*PERSÉE fort.*)

SCENE III.

UN TRITON, & les PRÉCÉDENTS.

LE TRITON s'élevant au-deſſus des eaux.

N'Eſpérez pas que Junon céde,
Ni qu'elle ſe laiſſe toucher.
Pour la fléchir, il faut, ſur ce rocher,
Qu'au monſtre on expoſe Andromede.

CEPHÉE.

Andromede !

CASSIOPE.

Ma fille !.. où fuir ?. où te cacher ?

LE CHŒUR.

O Ciel ! ô rigueur trop ſévère !

CASSIOPE.

Il faut que des bras de ſa mere
Le monſtre la vienne arracher.

ANDROMEDE.

Dieux ! qui me deſtinez une mort ſi cruelle,
Hélas ! pourquoi me flattiez-vous
De l'eſpoir d'un deſtin ſi doux ?

F ij

O fouvenir charmant qu'en mourant je rappelle !
Le fils de Jupiter eut été mon époux.

Ah ! que ma vie eut été belle !
Dieux ! qui me deftinez une mort fi cruelle,

Hélas ! pour quoi me flattiez-vous
De l'efpoir d'un deftin fi doux ?
Vous, dont je tiens la vie, & vous, Peuple fidèle ;
Jouiffez par ma mort d'une paix éternelle :
Je vaix fléchir les Dieux irrités contre vous ;

Et fi ma mere, eft criminelle,
Par le fang que j'ai reçu d'elle,
C'eft à moi d'appaifer le célefte courroux.

CÉPHÉE & CASSIOPE.

Ah ! quel effroyable fupplice !
Dieux ! ô Dieux ! quelle cruauté !

CÉPHÉE.

Je perds ma fille, hélas ! le Ciel propice
Me la donna pour ma félicité ;
Aujourd'hui, le Ciel irrité
Veut qu'un monftre me la raviffe !

CÉPHÉE & CASSIOPE.

Ah ! quel effroyable fupplice, &c.

CASSIOPE.

C'eft ma funefte vanité ;

C'eft mon crime, grands Dieux, qu'il faut que l'on
    puniffe.

    Ma fille n'eft pas ma complice ;
Et vos décrets vengeurs contre elle ont éclaté !
Dieux ! pouvez-vous vouloir qu'Andromede périffe?
    Sa jeuneffe ni fa beauté
    N'ont-elles rien qui vous fléchiffe ?
La vertu, l'innocence a-t-elle mérité
    Les rigueurs de votre juftice ?

L E   C H Œ U R.

Ah ! quel effroyable fupplice !
Dieux ! ô Dieux ! quelle cruauté !

C A S S I O P E.

A I R.

Des maux que j'ai faits
J'implore la peine.
Sur moi de la haine
Lancez tous les traits.
Suprême puiffance,
Laiffez l'innocence
Refpirer en paix.

Des maux que j'ai faits, &c.

(*Ici, l'on apperçoit un Monstre qui nâge dans l'éloignement.*)

CÉPHÉE, CASSIOPE, LE CHŒUR.

Le monstre approche du rivage ;
Il va couvrir nos champs de morts.
Où fuir ! quel horrible ravage
Il va faire, hélas ! fur nos bords !

ANDROMEDE.

O mon pere ! ô mere trop tendre !...
Non, ce ne font pas mes adieux.
Je puis encor fléchir les Dieux ;
Et celui des Mers va m'entendre.
Hélas ! par des liens fi doux,
Votre amour m'attache à la vie !
Vous m'avez donné pour époux
L'objet dont mon ame eft ravie.
Vivre pour lui, vivre pour vous,
Eft un fort fi digne d'envie,
Que les Dieux même en font jaloux.

O mon pere, *&c.*

(*Elle s'approche du rivage.*)

Junon ! j'obéis à ta loi.

Et vous, Tritons, recevez-moi.

(*Elle s'élance fur les rochers, qu'à l'instant les flots environnent & féparent du continent.*)

SCENE IV.

LES TRITONS, & *les* PRÉCÉDENTS.

CASSIOPE.

MA fille !

LE CHŒUR.

O bonté fecourable !

CÉPHÉE & CASSIOPE.

Ma fille !

LE CHŒUR.

O malheur déplorable !

CASSIOPE.

Elle fe dévoue au trépas.

LE CHŒUR.

O Princeffe adorable !
Vous ne méritiez pas
Un fi cruel trépas.

CHŒUR de TRITONS
Enchaînant ANDROMEDE.

Tremblez, tremblez, superbe Reine.
Tremblez, mortels audacieux.
Que votre orgueil apprenne
A respecter les Dieux.

CASSIOPE.

Ah ! quelle vengeance inhumaine !

CÉPHÉE.

Andromede !

CASSIOPE.

Ma fille ! ô Dieux !

ANDROMEDE.

Recevez mes tendres adieux.

CÉPHÉE.

Ah ! quelle vengeance inhumaine !

CASSIOPE.

Que ces Dieux sont cruels ! qu'ils sont ingénieux !
A faire ressentir leur haine !

CÉPHÉE.

Andromede !

CASSIOPE.

CASSIOPE.

Ma fille ! ô dieux !

ANDROMEDE.

Recevez mes tendres adieux.

CÉPHÉE & CASSIOPE.

Le monstre approche de ces lieux.
Ah ! quelle vengeance inhumaine !

LES TRITONS.

Tremblez , mortels audacieux.

ANDROMEDE.

Je ne vois point Persée , & je flattois ma peine
Du confolant efpoir de mourir à fes yeux.

CÉPHÉE & CASSIOPE.

Il vole , il vient à nous ce héros glorieux.

ANDROMEDE.

A s'expofer pour moi vainement il s'obftine.

G

SCENE V.

PERSÉE & les PRÉCÉDENS.

LES *TRITONS*.

Téméraire Persée, arrêtez, respectez
La vengeance divine.

CÉPHÉE, CASSIOPE & LE PEUPLE.

Magnanime héros, combattez, méritez
Le prix que l'amour vous destine.
(*Vol de* PERSÉE *qui perce le Monstre d'un javelot.*)

LES *TRITONS*.

Le fils de Jupiter brave notre courroux
(LES TRITONS *se replongeant dans la mer.*)
Le monstre est tombé sous ses coups.

TOUS *ENSEMBLE*.

Le monstre est tombé sous ses coups.

PHINÉE, *se précipitant dans les flots.*

O mort! délivre-moi de ce Spectacle horrible.

CASSIOPE, CÉPHÉE, LE CHŒUR.

Le monſtre eſt mort ; Perſée en eſt vainqueur.
     Quand l'amour anime un grand cœur,
     Il ne trouve rien d'impoſſible.

(*Pendant ce Chœur*, PERSÉE *détache les chaînes*
     *d'*ANDROMEDE.

ANDROMEDE & PERSÉE.

Ah! que votre danger me paroiſſoit horrible !

LE CHŒUR.

     Honorons le Héros
     Qui nous rend le repos.
Sa valeur à ſon gré fait voler la victoire.
     Tour à tour la terre & les flots
     Sont le Théâtre de ſa gloire.
     Honorons le Héros
     Qui nous rend le repos.

(*Le Théâtre change*, & *s'embellit ; Vénus deſcend*
     du ciel avec toute ſa Cour.

SCENE DERNIERE.

VÉNUS, *sa Cour & les* PRÉCÉDENS.

VÉNUS.

MOrtels, vivez en paix. vos malheurs sont finis.
Jupiter vous protege en faveur de son fils.
A ce Dieu tout-puissant tous les Dieux veulent plaire,
Et Junon même enfin appaise sa colere.

(On danse.)

VÉNUS, *après la Fête.*

Cassiope, Céphée, & vous, heureux Époux,
Prenez place au ciel avec nous.

(*Tandis que* CASSIOPE, CÉPHÉE, ANDROMEDE
& PERSÉE *s'élevent au ciel sur des nuages, le*
PEUPLE *célebre leur gloire, par un Ballet général
qui termine le Spectacle.*)

FIN.

APPROBATION.

J'AI lu, par ordre de Monseigneur le Garde des Sceaux,
l'Opéra de PERSÉE, *Tragédie Lyrique*, & j'ai crû qu'on
pouvoit en permettre l'impression.
A Paris ce 13 Octobre 1780.   BRET.

www.ingramcontent.com/pod-product-compliance
Lightning Source LLC
LaVergne TN
LVHW022209080426
835511LV00008B/1668

*9 7 8 2 0 1 1 8 8 1 8 4 7 *